환승역

시와문화 시집 79

환승역

신창홍 시집

시와문화

파란 가을 하늘에 손을 뻗는다
한 뼘 둥글게 돌려 울타리를 만들고
손바닥 위에 집을 짓는다

균열되지 않는 어휘로 기초를 닦고
모호하지 않은 문장으로 한 땀 한 땀 엮어갈 때
층층이 배어나는 굵은 땀방울
나를 지탱하는 힘이다

2025년 가을
신창홍

|차례|

■시인의 말

1부 안개와 가로등

꽃밭을 가꾸며 _ 12

2월 _ 13

천지의 숨결 _ 14

풍경을 봄 _ 16

유월의 순환선 _ 18

겨울 광장을 지나며 _ 20

동백꽃으로 오는 봄 _ 22

눈 오는 밤 _ 24

매화의 이름으로 _ 25

거울 속 거울 _ 26

바다의 문장 _ 28

안개와 가로등 _ 30

새벽안개 _ 31

겨루기 _ 32

시계의 이분법 _ 34

꿈 _ 35

숫자에 갇히다 _ 36

2부 별들의 저녁 식사

환승역 _ 38

별들의 저녁 식사 _ 40

고백-詩에게 _ 42

또 다른 길 _ 44

함께할 수 없는 기억 _ 46

늦은 점심 _ 47

투명 인간 _ 48

8월 _ 50

동주 생각 _ 52

꽁치 통조림 _ 54

조각난 화분花盆 _ 55

아스팔트 위 민들레 _ 56

담쟁이 _ 58

초원의 독수리 _ 60

버스 정류장에서 _ 62

호스피스를 나서며 _ 64

외식 _ 66

3부 겨울 나무

시월 _ 68

억새들의 합장 _ 70

구절초를 위하여 _ 71

낙엽 _ 72

가을 하늘 _ 73

가을 그림자 _ 74

호숫가에 지는 가을 _ 76

낙엽의 계절 _ 77

가을밤 _ 78

11월 _ 80

지지 않는 꽃 _ 82

겨울 나무 1 _ 84

겨울 나무 2 _ 86

겨울 나무 3 _ 88

병상病床 편지 _ 90

약속 2 _ 92

4부 함께하는 것들

3월과 안개 _ 94

편지 _ 95

봄날 _ 96

서랍을 고치며 _ 97

분꽃 _ 98

겨울비 _ 99

시간의 흔적 _ 100

호박죽 _ 101

파도 _ 102

함께하는 것들 _ 103

정오를 지나는 동안 _ 104

낡은 볼펜 _ 106

장례문화원에서 _ 108

■해설 전환기적 사유를 담은 치열한 서정 박몽구/ 109

1부
안개와 가로등

꽃밭을 가꾸며

꽃을 심는 일
마음을 다스리는 일이다
살아온 세월만큼 무뎌진 감각과
깊어진 주름 따라 변해가는 제 모습이
퇴색한 허물처럼 안타까울지라도
상처 입지 않도록 다독이는 일이다

꽃을 바라보는 일
지나온 날들을 떠올리는 일이다
떼어낼 수 없었던 힘겨운 시절도
웃음처럼 만났던 눈물인 것을
그 속에 남아있는 작은 얼룩 몇 조각
꽃 한 송이 덧대어 지우는 일이다

꽃을 좋아하는 일
열정을 지피는 일이다
사는 동안 가끔은 기억에 남도록
벌새의 부지런한 날갯짓처럼
메마른 가슴에 마중물 적시며
한 송이 꽃으로 피어나는 일이다

2월

시리고 메마른 감각에
미지근한 부뚜막 온기가 스며들고
재촉하지 않아도 서툴게 다가오는
눈부신 아가의 첫걸음마처럼

조금씩 멀어지는 어둠의 자리에
빠르게 채워지는 여명의 발걸음 따라
잔설에 얼어붙은 대지의 가냘픈 체온으로
뿌리를 보듬어 싹을 틔우는 시간

가시지 않은 냉기가
영역을 표시하며 새벽길을 배회해도
바람의 냄새로 포식자를 피해
먼 길 돌아오는 봄의 발걸음

살아온 날들은 늘 그랬던 것처럼
쉬운 날은 기약이 없어도
가슴에 간직한 간절한 기다림은
어느새 가지를 적시고 있다

천지의 숨결

천지는 새벽의 얼굴
태곳적부터 가부좌 튼 푸른 물결은
이미 경전의 반열에 오른
음각으로 새겨진 쪽빛 상형문자
전율로 파고드는 묵언의 말씀에
사바의 번뇌가 껍질을 벗는다

어느 행성에 유랑으로 떠돌다
바람으로 각을 세운 천상의 자리
백두의 기백이 서린
절벽 아래 깊숙이 날개를 접고
영겁의 도량으로 전설이 된
저, 서슬 퍼런 결기의 빛

천지의 분연한 푸른 신념 한 움큼
내 작은 가슴에 담으며
내일은 힘들어도 흔들리지 말고
한세상 피고 지고

넘어져도 털고 일어나 아무렇지 않게

한세상 피고 지고
또 피고 지고

*2024년 8월22일~23일. 백두산 북파 등정길에 천지 모습을
보며

풍경을 봄

교복을 입은 소녀의 두 손이
리듬을 타고 있다
촘촘히 이어지는 손놀림에서
두 개의 바늘이 교차하며 장단을 맞추고
제모습을 찾아가는 감청색 목도리가
무릎 위로 흘러내린다

종종 오른손을 위로 추켜세울 때마다
종아리 사이의 쇼핑백에선
푸르륵 햇살 줄기들이 올곧게 풀리며
다정한 온기를 위해 제자리를 찾아간다

전철 7인용 좌석 문간 끝자리에서
따스하게 전해오는 기다림의 봄
문이 열리고 닫힐 때마다
사람들 사이에 움츠린 겨울이
숨을 죽이고 있다

시린 마음 걷어내려 한 땀 한 땀 엮어가는
화사한 손길은 햇살의 몸짓

바라보는 시선이 모두 봄이다
신창행 1호선 하행선에서
정월에 피는 꽃을 본다

유월의 순환선

네가 떠나가고 내가 남는다
태양의 그림자가 지워질 무렵
일기예보엔 장마가 시작됐다고 했다
언제나 정해진 경로만 가고 있는
정체된 검은 구름의 낮은 두드림
축축한 소식을 피하려
창밖의 소리에는 귀를 닫는다

떠나가고 또 떠나가는
돌아올 것은 아무것도 없는 거리에서
기다림이란 망각의 몸짓
낯선 곳의 이방인처럼 서성이며
세상처럼 변하지 못하는
나는 오후 네 시의 박제된 카멜레온

계절은 경로를 이탈한 적이 없어도
길은 더욱 낯설어지고
한번 가면 돌아오지 못하는 곳에
유월도 청춘도 껍데기만 남았다
태풍의 진로를 길게 탐색하는

금요일 오후
젖어 있는 기억들이 도착했다

겨울 광장을 지나며

오랜 세월 길들여진 그늘이
투명한 얼음이 됩니다
그늘에서 살아온 거울처럼
속이 훤히 보이는 사람들이 모여듭니다

서쪽으로 기울어진 햇살이
잠시 호흡을 가다듬고 있는 동안
계절의 경계는 야생의 시간이 되어
사람들 사이엔 바람이 붑니다

해넘이가 시작된 광장은
어느덧 흑백사진의 기억이 되고
회색의 문장들이 자막으로 지나갑니다

우울한 양지의 한 뼘을 탐내는
투명해서 가슴 시린 사람들
그리운 순간들을 기억해 보지만
지나온 시간은 어느 곳으로 향하든
늘 상처를 끄집어내는 일입니다

기도하기엔 너무 늦은 계절
광장에 겨울이 번지고 있습니다

동백꽃으로 오는 봄

단지 작은 꽃에 지나지 않는다는 말
동의하지 않습니다
철없는 호기심이었다고
생각하지도 않습니다

모두가 끝 모를 고행에 지쳐 있을 때
결빙된 대지에 실낱같은 호흡으로
잔설을 뚫고 보란 듯이 꽃을 피운 당신

시린 입김 위로 번지는 붉은 열정은
아침을 부르는 여명의 빛처럼
겨우내 숨죽인 생명들의 열망에
고매한 촛불을 지폈습니다

이제 바람은 동으로 창을 내고
햇살은 광합성의 각도로 굴절되어
대지에 모성을 깨우며
버들가지 휘휘 늘어진 나무초리마다
심장 뛰는 소리가 들려옵니다

여린 생명들의 거침없는 아우성이
잿빛 화폭 위에 수채화로 채색되고
잦아드는 당신의 작은 숨결 위에서
봄이 분수처럼 피어납니다

눈 오는 밤

눈은 제 고향 집으로 내린다
긴긴 겨울밤 고향의 향수에 취해
너울너울 춤추며 내린다

차가운 밤하늘 긴 여행길
바람에 흩날리며 이리저리 떠돌다
고향 집 앞 마당에 사뿐사뿐 내린다

사랑방 창으로 비치는 불빛엔
어머니 품처럼 따스함이 와닿고
할머니 옛이야기 도란도란 들린다

꿈속에도 밤새도록 내리는 눈은
철부지 시절 이야기 찾으려
제 고향 집으로 내린다

*2022년 영아츠컴퍼니 「시를 노래하다」 가곡 선정작

매화의 이름으로

저 바람 속 가녀린 춤사위는
소리 없이 날리는 달빛 부스러기
하얗게 부대끼는 가슴 통증이다
벚꽃은 화려하게 시선을 끌고
산수유 개나리 아직도 한창인데

춥고 어둡던 날
여명의 등불을 밝히듯 터트렸던
얼음 속 살빛 꽃망울
세상의 열망을 봄으로 피워내면
요원의 불길로 번지는 꽃의 목록들
계절은 이제야 마음을 열어
봄소식 편지 한 장 전하지 못했는데
고운 잎 떨구는 애달픈 궤적이여

매화로 산다는 건 구도자의 선禪
미련 두지 않고 망설임도 없이
생살 찢어내듯 패인 꽃자리에
연둣빛 싹을 틔워 해시계에 맞추고
또다시 세상을 얹어 놓는 일
사람들 속에도 가끔 그런 향기가 난다

거울 속 거울

투명한 것은 무한대의 얼굴
푸른 하늘엔 드넓은 우주가 있는 것처럼
맑은 물속은 생명으로 넘쳐나는 것처럼

가만히 거울을 보고 있으면
오랜 세월 퇴적되어 광물로 존재하는
진화되지 못한 시간이 튀어나올 것 같다

거울 속에 보이는 또 다른 거울
당신의 모습은 부챗살처럼 펼쳐져 있지만
끝내 교감하지 못한 눈빛을 찾아
미로를 헤매다 보면
긴 시간 다가가지 못하고
웅크리고 있는 지난날의 내가 있다

거울 속 자막들은 모두 엇각의 기울기
나는 거울을 보는 각도에 따라
기쁨이 되었다가 슬픔이 되었다가
거울 밖 어느 한점에서 흔들리지만
더는 누군가를 기다리지 않는다

지금은 먼 옛날의 먼 훗날
어느 날 우연히 마주친 눈빛에
삭제되지 않은 문장들을 읽는 동안
누구도 선뜻 내밀지 못한 손

우리는 아직 거울 속에 있다

바다의 문장

짧고 간결한 외침으로
때로는 긴 설득으로
먼먼 태곳적부터
너의 이야기는 양각으로 새겨진 상형문자

행마다 쏟아내는 원색의 언어들이
거친 숨결을 타고
끝없이 끝없이 윤회하며
세상의 시간을 몰고 오지만

바람의 각도를 감지할 수 없는
늦은 오후는 결핍의 시간

멀리 수평선 위에 정갈하게 펼쳐진
파란 창공의 강의를 들으며
내 안에 묵혀 있던 몽상의 돌기들을
하나둘 뽑아 바다에 던지면
끊임없이 토해내는 파도의 백색 절규

세상의 거품에 흔들리지 않는다는

시퍼런 너의 결기는
가슴으로 새기는 파도의 어록들

안개와 가로등

발자국 소리가 멈췄다
숨죽인 눈빛은 당당하지 않은 변명
저녁의 날개엔 두려움이 짙게 드리우고
안개와 가로등 사이엔
송두리째 들어낸 하루가
그림자를 갉아먹고 있다
지워진 방향으로 떠나버린 기억
낯선 풍경과 모르는 얼굴들
평범했던 길은 종잇장처럼 구겨지고
나는 꺾이기 좋은 방식으로 걸어간다
누군가 다가와 말을 걸어오지만
그것은 내가 묻고 싶었던 질문의 방식
기억은 늘 혼란스러운 그림자놀이
다가오는 손을 한없이 밀어낸다
부를 이름이 없어 사납게 도리질을 쳐도
나를 붙들고 떠나지 않는 사람들
오늘도 자유는 내게서 멀어져 갔다

새벽 안개

새벽안개가 눈처럼 내려
3월의 바다는 온통 눈먼 설원이다
안개는 바다를 덮고 하늘을 덮고
혈관 속에 스며들어 감각을 마비시킨다

보이지 않는 바다 위에
뱃고동 소리보다 낮게 깔리는 안개
허공 속 침묵의 갈기를 휘날리며
물밀듯 밀려오는 그림자 없는 날갯짓

언뜻번뜻 드러나는 먼 곳의 아침은
바람의 방향으로 똬리를 튼 채
혀의 감각으로 시간을 감지하고
허물을 벗기 위해 몸부림치고 있다

안개 속에선 모두 안개가 된다
심연의 속살을 으깨어 간을 맞춘
비릿한 해풍을 들이킬 때마다
태초의 하루가 깨어나고 있다

겨루기

당신의 눈빛이 트릭을 쓴다
긴장된 감각 사이로 멈춰버린 세상
바람의 촉각으로 상대를 탐색하지만
삼킬 듯 예리한 눈빛 속에선
당신의 마음을 읽을 수 없고

당신의 몸짓도 교활해진다
가까이 가면 한발 물러나고
물러서면 다가오는 당신과의 거리는
전광석화 같은 카멜레온 혀의 간격
서로가 유효사거리를 가늠하고 있다

가벼운 스텝으로 여유를 보이며
끊임없이 유혹하는 빈틈의 올가미
제대로 된 한 방을 노려보지만
당신은 등을 보이지 않는
영원한 아웃사이더

또 하루 발걸음 무거운 저녁 길
전조등 각도 밖의 진실을 외면한 채

좁혀지지 않는 당신과의 거리는
측정할 수 없는 마음과 마음의 거리
오늘도 눈빛의 주파수를 놓치고 있다

시계의 이분법

앞선 그림자를 잃어버렸다
너와 나의 거리는
측량할 수 없는 무한궤도
서로의 관심에서 멀어지는 동안
우리는 얼마나 마음을 닫고 있었는지

애틋한 감정이 밀려올 때면
하염없이 너의 길목을 서성이지만
그 짧은 순간의 해후는 바람처럼
기다림의 설렘만 흔들어 놓고
아물던 상처는 또다시 깊어지는데

그렇게 시간은 시침이 되고
그렇게 세월은 초침이 되어도

떨어질 수 없는 운명을
함께 할 수 없는 잔인한 시간
애타는 마음만 간직한 채
타인처럼 제 갈 길을 가야 한다
시간이 지나간 자리에 시간이 온다

꿈

꿈은
나를 숨 쉬게 하는
내 작은 가슴속의 푸른 빛

길고 어두운 시간을
하나의 의지로 채찍질하여
마침내 날아오르는
힘찬 나비의 날갯짓처럼

서두르지 않고 걸어가는
한 걸음 한 걸음 발자국마다 고인
굵은 땀방울로 피는 꽃

숫자에 갇히다

태어나자마자
온몸에 숫자가 박히기 시작했다
세례명 모년 모월 모일 모시
숫자로 말하고
숫자로 판단하고
숫자로 행세하기 시작했다

도시는 숫자로 숨을 쉬고
뉴스에서는 편파적인 숫자들이 넘쳐났다
숫자가 세상을 압도하고
숫자가 서열을 만들기 시작했다
숫자가 만드는 자비 없는 블랙홀
모든 것이 숫자에 갇혔다

갈대가 된 사람들이
되새김질하는 노을의 시간
숫자에 얽매어 피로했던 날들이
촛농처럼 흘러내려 고착되는 동안
몸 안에 숫자들이 풍화되기 시작했다
마감 날짜 예측이 가능해졌다

2부

별들의 저녁 식사

환승역

사람들이 파도를 탄다
오르거나 내려오면서
밀물이거나 썰물이면서
방향은 감각이 아닌 화살표에 따라야 한다
목적지는 그어진 선을 따라가야 도착하는
후천적 생의 방식

맞잡은 손을 놓는다
노란색 선을 따라서
또는 초록색 푯말을 따라서 우회하며
직진의 마음을 곁눈질하지만
시간이 단축되거나 연장되는 법은 없다

너는 시계방향으로 돌고
나는 반대 방향으로 도는 동안
우리의 생각이
우리의 믿음이
우리의 팽팽했던 연결고리가
놓아버린 손처럼 허전할 때가 있다

늦은 밤 인적이 뜸해진 환승역에서
우측이나 좌측으로 그어진 금을 따라
걷다 보면 쓸쓸한 취기가 몰려온다
사람이 떠나가고
사람을 기다리고

손을 놓아버린 그 자리에서
다시 손을 잡으려 너를 기다리지만
사람과 사람의 거리는 눈으로 볼 수 없다

별들의 저녁 식사

막차에서 내린 부부가 골목길로 들어선다
도시를 떠나 낯선 바다에 잠든 섬처럼
침묵이 얼음같이 차갑게 내린 길을
먼 불빛 따라 말없이 걸어간다

온종일 실밥 먼지에 시달린 남자의 마른기침이
불 꺼진 골목에 야경 소리처럼 퍼지고
물병 건네는 아내의 눈가엔
사랑보다 깊은 연민이 묻어난다

오늘도 힘겨움을 잘라내듯 가위질을 하고
내일을 다듬듯 재봉틀을 돌리며
부푸러기 가득한 반지하의 부부가
철 대문을 지나 3층 옥탑방으로 올라간다

시리도록 신선한 공기가 온몸을 감싸고
가까워진 하늘이 마음을 토닥이는 시간
작은 소반엔 상보가 덮여 있고
중학생 딸은 책상에 엎드려 잠이 들었다

찌개 끓는 소리가 성찬보다 감미로운 밤
이끼처럼 달라붙은 고단함이
허물 벗듯 지워지는 시간
별빛이 하나둘 식탁으로 모여들고 있다

고백
-詩에게

녹음이 짙어지는 나른한 여름날
한가로운 암자 작은 마당 끝자리엔
수줍게 피어나는 분꽃이 한창입니다
치기 어린 시절 잠 설치던 감정으로
서툴게 써 내려간 분홍빛 사연처럼

해그림자 길어지는 암자의 적막한 오후

사는 동안 대부분
세상을 이길 수 없어서
내가 나를 드러내지 못하고
당신에게 다가서지 못했습니다

바라만 보다 세월 다 지나도록
태우지 못했던 결빙된 촛불처럼

지나간 시간을 모두 기억할 수 없어서
당신을 생각합니다
살아온 날을 모두 품을 수 없어서

당신을 생각합니다

나는 햇살의 그림자 밖에서
색을 잃어가는 플라타너스 잎새 하나

바람은 늘 어디선가 불어오고
또 어느 순간 마음이 흔들리면
받은 상처가 아물기 전에
투정처럼 헝클어진 사연 하나 띄웁니다
내가 그늘이라 여겼던
당신의 이름으로

또 다른 길

앞이 보이지 않을 때마다
자꾸만 돌아보게 되는 지나온 여정
다시 길을 걷다가 또 뒤돌아보며
초조한 마음으로 서 있는 이 자리는
고단한 사람들의 자리

지금까지 걸어온 길은
늘 만족할 수 없었던 시험처럼
언제나 아쉬움뿐이지만
생각해 보면 어느 한순간
무엇인가에 미쳐 본 적이 있었던가,

길 위에서 만나는 벼랑의 굽이들
푸른 달팽이의 조심스러운 걸음이라도
시간 위에 몇 겹의 윤회를 얹어 돌다가
어느 하나 마음 통하는 세상 만나면
아름다운 생으로 변신할 수 있도록

가야 할 길이다
돌아갈 수 없는 생의 언저리에서

거친 바위 위에 신념으로 우뚝 선
저 눈부신 히말라야의 산양처럼
없는 길도 가면 길이 되리니

함께할 수 없는 기억

굵은 눈발이 날리던 그해 12월
어머니 치맛자락을 잡고
모래내 시장 청과물 상회 옆에
수북이 쌓인 상한 배추 더미에서
그나마 덜한 배추 이파리를
짓무른 부분,
병들어 상한 부분을 발라내고
소쿠리에 담아 오는 일요일 저녁이면
늘 교회 종소리가 나지막이 울렸다

좁은 골목길을 꼬불꼬불 올라
황량한 북가좌동 꼭대기에 다다르면
삭풍은 제집처럼 산마루를 휘젓고
문풍지 우는 소리에 가슴마저 시려올 때
부엌 연탄불 옆에서 어머니를 졸라
허겁지겁 먹던 우거지 죽 한 사발
한 줌 넣은 보리쌀이 보이지 않는다고
투정하던 철부지 60년대
나도 어머니의 잔인한 겨울이었다

늦은 점심

　창구는 사체를 독식하려는 수사자처럼 꿈쩍할 줄 모르고, 끊임없이 전화벨이 울리며 시간이 시간을 먹고 있다. 현금 지급기 앞에선 여직원이 입금이나 송금할 사람을 찾지만, 6인용 4열의 간이 대기석은 여전히 만원이다. 앞으로 열세 번째, 옛날 30대로 넘어가던 날 저녁의 간절했던 기도처럼 번호판에는 시간이 멈춰져 있다. 닷새까지 잔금 완납이 안 되면 이자가 24%, 오전 반차에서 하루 연차로 휴가를 변경했다. 아직 멀었느냐는 아내의 세 번째 전화에 울컥 짜증이 났다. 태양도 갈 길을 서두르는 오후의 예민한 야수처럼, 임대한 세월을 다 채워가도 다스려지지 않는 감정, 긴 지루함에 하루가 시들어 가는 동안 온몸은 마비된 감각이 된다. 미처 털어내지 못한 그을음이 고착되는 시간이 되면 붉은 당나귀처럼 유리 벽을 보고 마주 앉아, 이해하지 못하는 문장을 건너뛰고, 들어도 모르는 설명에 고개를 끄덕이며, 모니터에 고분고분 이름과 서명을 할 것이다. 땀에 젖은 등줄기에 차갑게 식은 감촉, 또 한고비 넘고 있다

투명 인간

반지하 두 평 남짓 방안엔 안개가 산다
햇살은 눈먼 예언자처럼 길을 잃고
바람길이 막혀버린 방바닥에선
소리 없이 스며드는 습기가
손 닿지 않는 모서리 꼭짓점부터
낡은 도배지의 무늬를 지우고 있다

아침은 언제나 분간할 수 없는 미로
안개 속은 늘 새벽 같아서
잠결이거나 희미한 의식 속에서
문뜩 소스라치게 놀라 눈을 뜨면
온몸이 식은땀투성이다
시간은 늘 의식불명의 중환자로 누워있고

그제 장 씨가 구급차에 실려 가더니
무연고 시신 조사차 구청에서 다녀갔다
자식 자랑 손주 자랑에 침이 말랐었는데…
세상에 남긴 외상값 14,000원
노잣돈이니 편히 가라며 순댓국집 김 여사가
이름에 빨간 줄을 긋고 문밖에 술 한 잔 뿌렸다

안개 속 독백은 메아리의 외침
주파수가 삭제된 언어들이 제멋대로
허공을 날아다닌다
세상의 눈에서 멀어지자
몸이 날개를 달기 시작했다
주인 없는 이름들이 안개 속을 유영하고 있다

8월

바람도 지쳐 숨죽인
푸른 광야
어느 초인의 손금 같은
논두렁 길을 따라
뜨거운 태양 아래 젖은 이마 훔치며
8월이 지나간다

내게 필요한 하루는
가끔 요란하지 않은 빗줄기와
열구름 그늘조차 감사하며
손 닿는 곳에 익어가는
복숭아 몇 개 있으면 그뿐

가다 보니 많이 벗어났다고
되돌릴 수는 없어도
그대의 모습은 소나기같이 싱그럽고
그대의 향기는 오이처럼 상큼하다

비로소 불붙은 그대의 열정
달궈진 쇠붙이에 내리치는 망치처럼

완성을 위해 끊임없이 두드려라
모든 것이
열매처럼 넉넉할 수 있도록
모든 것이
축복처럼 넘쳐날 수 있도록

동주 생각

황혼이 짙어지는 이국땅에서
하루 종일 들뜬 발걸음으로
동주의 그림자를 찾아 나선 길

흔적이라도 보고 싶은 마음인데
가슴이 벌써 저려옵니다,

풍요도 병 인양 살아온 내가
시대의 아픔을 온몸으로 부딪히며
괴로워했던 그에게 누가 될까 봐
부끄러운 한낮의 태양을 피해
그를 찾아갑니다
그의 깊은 시름이 원고지를 채우는 시간
해 질 녘 그를 찾아갑니다

그의 혼이 돌아온 고장엔
예전처럼 맑은 강물이 흐르고
초목 여기저기 자리 잡은 시비엔
신념이 깊은 의젓한 양처럼*
괴로워하던 수많은 동주가 있습니다

명동학교를 지나 그의 혼을 만나러 갑니다
무덤가엔 파란 잔디가 자라고
사랑처럼 슬픈 얼굴**
동주가 거기에 있습니다
아직 청춘이 다 하지 않은***
동주가 거기에 있습니다

2024년 8월21일 중국 용정시 생가터 방문
*윤동주의 「흰 그림자」에서 인용,
**윤동주의 「소년」에서 인용
***윤동주의 「별 헤는 밤」에서 인용

꽁치 통조림

늦은 시간 귀가하는 아버지한테는
늘 비릿한 바다 냄새가 났다
바람 한 점 없는 7월의 열기가
낡은 슬레이트 지붕 위에 내려앉은 저녁
국방색 작업복에 물든 소금꽃 얼룩마다
고향의 향수가 주렁주렁 맺혀 있었다

제대로 살아보겠다고 등진 바다였다
두고 보라고 큰소리친 고향이었다
늦저녁 하나둘 꺼져가는 불빛 속에
어스름 도시를 망망대해처럼 떠돌다
허기진 향수가 달처럼 차오르면
가슴만 애태웠던 아버지의 바다

파도 소리 들으며 잠들고 싶은 날은
소주와 꽁치 통조림을 산다
통조림 속에는 비릿한 해풍이 일고
지글지글 퍼지는 바다의 내음과
노 젓다 취해버린 노을 풍경 떠오를 때면
절망보다 깊었던 아버지의 속내를 마신다

조각난 화분花盆

작은 화단 구석에 던져진
청잣빛 꽃병 하나

입술 언저리 깨어져 나간 자리가
단아한 맵시에 더욱 깊은 상처처럼
하얀 진액을 토하듯 선명하다

세상 모든 것은 자리가 있어
어느 하나 빛나는 자리에 서면
또 어느 하나 쓸쓸히 잊혀져 가고

한 시절 지나면 무뎌지는 감정에
영원할 것 같던 꿈같은 시절은
낯선 기억 속으로 멀어져 가지만

시들어 가는 어느 꽃잎 하나
달빛 저녁잠 못 이루는 밤이면
포근했던 너의 품속이 간절하다

아스팔트 위 민들레

시지프스의 멍에처럼
새벽은 무거운 발걸음으로 온다
하루치 품삯 같은 가냘픈 맥박으로
날이 밝아 오고
삭제되지 않은 어제가 온통 바윗덩어리다

원망스러운 영감 몫까지 얹힌 여든 고개
쩍쩍 갈라진 강바닥을 닮은 손발과
중력에 저항하는 어금니 감각으로
하루 순례를 위해 골목에서 골목으로
한 톨의 근육까지 짜내야 할 시간

아직 다 채우지 못한 생애처럼
늘 채워지지 않는 낡은 수레를 끌고
허기진 세월의 집요한 악력을 견디며
오늘도 나서야 하는 새벽길
무기처럼 허리, 어깨에 파스를 붙인다

작은 몸 가려줄 어둠 한 자락 보이지 않아
누울 자리 찾지 못한 늙은 짐승의 피로

갈증을 푸는 세렝게티의 끈질긴 사투처럼
자비 없는 세상은 오늘도 눈을 뜨고
또다시 잔인한 하루를 몰고 왔다

담쟁이

나를 바라보는 당신의 눈길은
노을 끝자리를 붙들고 있는
희미한 백야
나는 푸르름이 야위어가는 겨울을 움켜쥔 채
비바람 몰아치는 창문 사이
안과 밖에서
우리는 투명한 눈길을 주고받으며
서로의 생生을 엿보고 있다

수혈이 끊긴 병실은 냉기가 가득하고
당신은 기도를 멈춘 채
비바람에 흔들리는 나를 바라보고 있다
여린 잎새와 한 생명生命의 등식엔
부등호가 없다는 듯이

당신의 기도가 이어질 수 있도록
하얗게 꺼져가는 심지를 지피기 위해
움켜쥔 악력과 줄기의 근육으로
거친 폭풍우를 견디는
길고 긴 마지막 잎새의 시간

늙은 화가의 손길이 다다르는 순간
흔들렸던 하루가 수직으로 저문다

*오 헨리의 『마지막 잎새』 인유

초원의 독수리

고요한 하늘에 파문도 없이
창공의 끝에서 세상의 끈을 잡고
바람을 가르며 유유히 선회한다

혼돈의 기류에도 날갯짓 한번 없이
오만한 위세로 모든 것을 굽어본다
세상은 예리한 그의 눈 속에 갇혀 있다

태양도 비켜선 하늘에 침묵의 살기
약한 자에겐 공포가 되고
꿈꾸는 자에겐 선망이 된다

엄숙한 시간
흔들리는 시계추 커지는 소리에
살아있음을 느끼는 서늘한 감정은
늘 긴장된 순간에 찾아오는 두려운 애착

깊은 고독 속에 자신을 던질수록
창공처럼 맑아지고 싶은 동경의 날갯짓

돌이켜보면
움츠리며 보냈던 날들의 꿈은
언제나 저 하늘에 있었다

버스 정류장에서

낯선 얼굴들이 모이고 흩어지는 동안
건물 유리창에 머물던 햇살이 사라지는 동안
지하도 입구에 포장마차가 자리를 잡는 동안
당신은 버스 정류장에 그대로 서 있다
길을 잃어버린 길 위의 안개처럼

보이지 않는 길과
분간할 수 없는 방향으로는
돌아갈 길을 찾을 수 없고
수당을 제외한 기본급 석 달 치 급여로는
가족의 생계를 책임질 수 없다

무리한 M&A는 자금의 싱크홀
워크아웃은 숱한 눈물을 앗아갔지만
채권단의 드라이브는 강공 일색
부서별 30%를 더 추스르라는 강요에
차마 할 수 없어 먼저 자리를 박찼다

가슴을 짓누르는 추의 무게를 가늠하는 동안
서서히 충혈되는 노을빛 하늘

당신도 그런 눈빛으로 버스를 탔다
창밖엔 서서히 어둠이 내리고
새벽이 두려운 사람들이 눈을 감고 있다

지천명은 누구에게나 흔들리는 시간
하늘의 뜻은 알 수가 없고
부쩍 커버린 아이들의 얼굴만
가슴에서 하얗게 질려있다

호스피스를 나서며

물비린내가 일몰을 적시고 있다
끊어진 대화가 차창 밖에서 흘러내리고
네 눈빛을 닮은 생각들이
출구를 찾지 못한 채
어두워진 허공으로 흩어지고 있다

전조등 불빛 속을 유영하는
노을보다 선명한 비의 알레그로
너는 하얀 그림자로 야위어가지만
나는 세상처럼 변한 게 없어서
우린 낯선 이방인이 된다

차가운 윤회의 계단을 넘어가는
너의 눈빛은 정갈하고
작은 미련 하나 남기지 않으려는
너의 표정은 견고하지만
돌리는 고갯짓에 비색悲色은 감출 수 없고

언젠가 우리 둘 바람이 되는 날
세상의 밖과 밖에서 하늘에 닿게 되면

새벽 어귀 투명한 초승달로 만나자
푸른 얼음꽃이 만발한 별빛 아래서는
반갑게 손 흔들고 안부도 묻자

외식

친구 셋이 둘러앉아
그릴 위에 고기를 굽는다
퇴직 후엔 자주 보자던 말은 공염불인 듯
시간은 많아도 얼굴 보기는 더 어렵다

퇴직금에 딸 적금까지 해지하여 마련한 상가가 분양 사기로 밝혀져 만신창이가 된 K, 까맣게 타는 마음 끌어안고 쓰러져 몇 달 전 둘째 딸 결혼식은 부녀간에 지울 수 없는 상처만 남겼다. 퇴직 후에도 이일 저일 가리지 않던 M은 투병 중인 아내 병간호하느라 환자보다 더 환자 같은 모습이다. 세상에 공짜는 없다고 신념처럼 믿었던 내가 다단계에 빠졌던 이야기는 차마 하지 못했다.

술잔이 비워질 때마다
마음의 살점들이 그릴 위에 얹어지고
상처 부위마다 알코올이 비수로 파고든다
초라한 욕심은 다림질하지 않은 셔츠로 구겨진 채,
그릴 밑에서 재가 되고

통장의 잔고는 늘 비어 있었다

3부
겨울 나무

시월

시월엔 바람이 이정표가 된다
날아오는 철새도
날아가는 철새도
계절마다 하늘마다 달라지는
바람의 방향으로 제 삶을 결정하고

강렬해서 애잔한 노을의 시간은
하루나 한 해나 마음 저리긴 마찬가지
잎새 몰이 채찍이 완성되는 동안
하늘은 창백한 비색이 되고
단풍은 가슴에서 회색으로 물든다

끝내 생성되지 못한 면역 탓에
또다시 흔들리는 계절이 오면
나뭇잎에 스미는 붉은 역마살에
나를 구겨 넣는다
바람이 오기를 기다리며

전염된 감각들이 야위어가고
낙엽이 올가미 되어 마음조일 때

나는 쓰다 만 편지로 구겨진 채
고기압과 저기압 사이를 방황하다
정처 없는 난류에 휩쓸리고 있다

억새들의 합장

그대, 가늘고 여린 손을 흔들어
내 작은 어깨에 날개를 달 수 있다면
오고 가는 바람의 마음을 헤아리는 일은
더는 부질없는 일이다

고행이 시작되는 늦가을 산자락
하루해가 노을빛에 사위어 갈 때
냉기로 갈아탄 바람결 따라
쉼 없이 흔들리는 고매한 은빛 물결

기쁨도 아닌
슬픔도 아닌
담백하고 은은하게 펼쳐지는 춤사위

늦가을 서늘한 입김이
가슴에 통증으로 파고드는 시간
하늘을 향한 날개 없는 날갯짓에
영혼이 비색으로 물들어갈 때
 거칠고 험한 계절 순례자 되어
그대, 또다시 봄을 기다리는가?

구절초를 위하여

메말라가는 내 작은 가슴에
꺼져가는 열정을 지피기 위함은
햇살도 비껴가는 황량한 비탈길에
구절초 가을 여인 피어 있는 까닭이다

찬 바람 불어 모두가 떠난 자리
싸늘한 고뇌가 차라리 감미로워
그늘에서 흔들리는 순결한 영혼이여

늦가을에 떠나는 치유의 여행길
가슴에 남은 미련 떨치려 해도
행여 하는 마음에 뒤돌아보는 것은
구절초 가을사랑 지지 않는 까닭이다

빛나던 시절 모두 내어주고
시름의 계절 홀로 지키며
마음을 위로하는 미소로 남은 꽃

낙엽

남몰래 가슴속에 담아두었던
누군가의 모습을 지우는 일은
언제나 모질고 안타까운 일이다

마음을 비워야 할 늦가을 언저리
타오르던 열정이 휩쓸고 지나간 후
여기저기 떨어지는 잎새의 가슴앓이
바람에 나부낄 때 우울한 시詩가 되고
깊어진 눈동자가 석양의 어깨에서 흔들린다

폐허처럼 헝클어진 도시의 그늘에서
갈 곳 몰라 이리저리 휘도는
떨어진 잎새의 서글픈 잿빛 향기

이제는 아름답지 않아도
그 마음이 내 마음인 것을
이제는 멀어져 간 이름처럼
가슴에 묻어두는 그리움인 것을

가을 하늘

먼바다 옷고름 풀어
쪽빛을 드러내면
서녘의 하늬바람 돛기를 세우고

앙금 하나 남기지 않고
펼쳐진 푸른 고요는
그림자 없이 날갯짓하는
태곳적 청동거울의 차가운 전설

계절 따라 숙성된 청잣빛 도발은
웃음을 도려낸 오로라의 마지막 눈빛
날카로운 창끝에서 느껴지는
자비 없는 푸른 미소의 유혹

마음을 깨우치는 종소리처럼
저 깊은 고요에 물들고 싶어
얼룩진 마음 접어 하늘에 날린다

먼 길 돌아온 누이의 눈망울에도
깊어지는 가을하늘이 어린다

가을 그림자

가을을 지나칠 때는
바람과 하나가 되어야 한다
시월의 바람이라면
마음이 철새가 되는 것처럼

깃털처럼 세상을 떠다니다가
늦은 밤,
불 켜진 창가에 앉으면
보이는 것은
나뭇잎 하나의 세상에
한 사람의 생애가
실핏줄처럼 번지고
흔들리는 나뭇잎 따라
불면의 밤을 이리저리 뒤척일 때마다
발아되지 못한 감각 사이로
더욱 짙게 파고드는
가을 그림자

가을에 오는 것들은
웃음을 잃은 산양의 눈동자로 온다

눈망울에 비친
읽을 수 없는 그림자는
풍화된 고대 암각화의 눈물

바람으로 떠도는 날들이
길어지고 있다

호숫가에 지는 가을

호숫가 물살에 가을이 번집니다
무엇이 그리 간절한지
기도의 간격이 촘촘하게 좁아집니다

늦가을 풍경들이 가라앉은 오후
여름내 세상과 내통하던 갈대들이
멀어지는 잿빛 사랑에 마음을 닫고
서쪽 바람에 몸을 맡긴 채
설핏한 가을볕 아래 시름에 잠깁니다

언제부터 흔들렸을지 모를 당신은
가을에 홀로 남은 그림자 되어
시린 숨결로 제모습을 찾으려 찾으려
거칠게 배회하는 바람에
가슴을 풀어 가냘픈 몸을 맡깁니다
낙엽 위에 또 낙엽이 쌓이면
지워야 할 목록을 생각합니다
당신은 멀리 있고
호수처럼 떠나지 못하는 나는
긴 결빙의 시간을 기다립니다

낙엽의 계절

다가가고 싶을 땐 노래하는 새들처럼
눈감으면 아련하게 떠오르는 모습처럼
가까이하고 싶은 이름 하나 있었다

청명한 하늘은 코발트색 바다같이 푸르고
심연의 산호처럼 오색 단풍이 황홀할수록
더욱 깊어지는 계절의 애상

가을은 그렇게 위로처럼 왔다가
상처만 남긴 채 저물어 가고
가슴엔 창문이라도 열린 것처럼
갈바람에 파고드는 낙엽의 문장들

함께하고 싶었던 그 이름은
먼 뒤안길에서 사위어 가는데

하염없이 흐느끼며 떨어지는 잎새들
거리에서 맴돌다 바람 따라 떠나가고
담벼락에 길게 비친 그림자 하나
빈자리를 서성이다 낙엽 따라 떠나간다

가을밤

달빛 내린 가을밤
먼 산마루에 걸린 선명한 새털구름은
어느 산사의 잘 정돈된 마당에
싸리 빗자국처럼 정갈한 모습으로
맑은 밤하늘의 고요함을 더해주고

높고 깊은 창공의 선명한 별빛 사이로
각혈을 토하는 누군가의 절규처럼
잠시 나타났다 사라지는 유성은
옛 생각을 들추어내고
부끄러워 먼 곳으로 숨어버린다

멀리 떠나보낸 시절들이
풀벌레 흐느낌에 되살아나는 밤
처방전 없이 지나온 날들이
달빛의 필체로 가을밤을 써 내려가면
살아온 날들은 새벽이슬에 젖어 들고

잠 못 드는 가을밤
가난한 시절은 아름다웠던 날들

서로의 눈빛으로 힘겨움을 털어내고
부대끼던 상처는 별빛으로 덮어주던
희미하게 남아있는 네 모습으로

11월

마음이 초조해지면 11월입니다
오가는 철새들의 날갯짓에
창공은 온통 파란 멍이 들고
일상으로 흘렀던 작은 쓸쓸함이
눈사람처럼 커지며 마음을 흔듭니다

가슴이 먼저 시리면 11월입니다
화석처럼 메마른 플라타너스 잎새가
아스팔트에 쓸려 상처로 멀어지고
텅 빈 거리에 남겨진 그림자가
떠나야 할 시간을 재촉합니다

세상이 낯설게 느껴지면 11월입니다
바래진 햇살에 냉기가 드리우고
도시에 내려앉은 하오의 그림자는
해풍이 빠져나간 바다의 저녁처럼
회색의 침묵들이 거리를 서성입니다

어디에도 갈 곳이 없으면 11월입니다
저무는 것들의 무거운 뒷모습

가야 하는 마음도
보내야 하는 마음도
모두가 혼자 되는 시간입니다

지지 않는 꽃

겨울 산자락 솔길 옆에
누군가 꽂아 놓은 튤립 한 송이

겨울에 숨 쉬는 법을 터득하지 못해
빨간 동상에 걸린
붉은 마녀의 입술로
마주치는 눈길마다
거짓의 생기를 불어넣고 있다

심장 소리를 들을 수 없어
아름다운 꽃말은 없을지라도
그래도 너는
겨울이 다 가도록
지지 않는 꽃

자궁을 거치지 못해
영혼을 간직할 수 없었던
목마름 탓에
기다림의 목록에 봄은 없을지라도
꿈조차 없다고 말하지 마라

Behrman*의 혼을 담아
Johnsy*의 숨결을 붙잡은 것도
손끝에서 탄생한 생명인 것을

*오 헨리의 단편소설 「마지막 잎새」에 나오는 폐렴에 걸린 무
명 여류화가 '존시'와 그녀를 위해 비바람 몰아치는 저녁에 담벼
락에 담쟁이 이파리를 그린 노화가

겨울나무 1

햇살도 비껴가는 겨울 골짜기
소리만으로 비수가 된 바람이
얼굴을 할퀴고 지나가는 약수터 옆에
눈 시린 흰 눈꽃 겨울나무 서 있다

가녀린 곁가지 사납게 흔들릴 때마다
전율처럼 몸서리치는 뿌리의 아픔
가진 것 없이 몸 하나 세상에 던져진
아버지의 여정은 늘 겨울이었다

살아온 세상엔 문패가 없어
웃음을 지워야 보이는 이름 세 글자
깊어진 주름은 나무껍질을 닮아
내딛는 걸음마다
움켜쥐는 손등마다
찢기며 번지는 통증의 붉은 먹빛들

어떻게 살아왔는지 묻지 않는다
쓰러져가는 조국 오른쪽 다리로 받치고
기울어진 제 한 몸 평형으로 살 수 없어

허물어져 가는 무중력 영혼 속엔
입 벌리고 아우성치는 다섯 자식들

한고비 한고비가 죽음보다 잔인해도
참아내야 한다
가슴 깊이 묻어둔 아버지의 눈물처럼

겨울나무 2

결빙된 시선이 하늘을 향합니다
숨결은 앞으로 쏠린 뼈마디로 굽어진 채
햇살이 닿지 않는 곳에
당신이 지나갑니다
골목으로 들이치는 세찬 바람은
쉼 없이 온몸으로 파고들어
마비된 감각이 돌처럼 무겁습니다

산수傘壽로 지나는 날들이
천 번의 오체투지만큼 힘겨운데
낡은 세월을 닮은
당신의 수레엔
바닥조차 채우지 못한
폐품 몇 뭉치,
수거하지 못한 오늘 저녁은
가시를 훑어도 아픔을 느끼지 못하는
낙타의 혀가 됩니다

늘어나는 약봉지만큼이나
결핍된 면역에

서둘러 누워 버린 초저녁
오늘 또 뿌리의 소리를 듣습니다
만기로 돌아온 겨울은 피할 수 없고
지워진 이름엔 꽃을 피울 수 없음을

겨울나무 3

창밖 하늘엔 날개가 있다
파란 냉기에 가슴이 움츠려지고
기다림의 시간은 차갑기만 한데
당신은 움직일 수 없는 하얀 얼음꽃
기억에 날개를 달고 싶지만
바라볼 곳은 창 너머 하늘밖에 없는
겨울 골짜기에 메마른 나무다

살아있는 감각은
왼손과 눈동자, 좌우로 돌리는 얼굴뿐
자식에게 투정하지 않겠다는
실어증의 견고하고 슬픈 다짐은
눈빛에서 전해지는 끝나지 않은 사랑
왼손에서 느껴지는 실낱같은 온기는
식어가는 석양의 거룩한 체념이다

햇빛이 들지 않는 겨울 골짜기에
찬바람 맞고 서 있는 나무나
3년째 누워 계신 어머니나
메마르고 투박한 주름 속에는

지금도 마르지 않는 젖줄이
강물 되어 흐른다

병상病床 편지

찬바람만 스쳐 가던 서쪽 창가에
메마른 오후의 햇살이 다다르면
영사기에 비친 먼지들처럼
숨죽이고 있던 윤기 없는 감각들이
굶주린 햇살을 향해 달려들고

오랜 시간 변색 되어 얼룩진 벽지에서
지루하게 참아온 무료함 들이
햇살 하나로 화사한 세상
너의 그늘진 마음도
그 온기에 윤이 났으면 좋겠다

늦가을 짧은 햇살은
서둘러 점심 한 그릇 해결하고
떠나가는 타향의 손님처럼
잠시의 여유도 없이 가버리고
거리엔 차가운 어둠이 내린다

적막의 시간은 끝없이 광활해지고
산란이 시작된 망상의 줄기들이

채찍처럼 온몸을 휘감는다 해도
새벽을 기다리는 그 마음이
촛불처럼 꺼지지 말았으면 좋겠다

약속 2

어제 저문 태양은
그토록 강렬했던 열정에도 모자란 듯
오늘도 힘찬 모습으로 일어나
또다시 생기를 실어 나르고

지난봄 만발했던 저마다의 꽃들
짧은 만남에 아쉬움 많았는데
지친 마음 달래주는 아름다운 노래처럼
계절 따라 돌아와 향기를 날리네

세상의 모든 것은 가고 오는 것인가,
정해진 듯 떠나가고 흘러가고
운명처럼 다가오고 돌아오고
약속처럼 만나고 헤어지고

하루의 길이는 저마다 다르지만
시간의 소중함은 누구나 한결같고
지나간 모든 것은 아쉬움뿐이지만
내일은 희망으로 맞이할 수 있기를

4부

함께하는 것들

3월과 안개

비 개인 3월은
물레질로 모양을 갖춘 점토에
조심스레 유약을 입히듯
겨우내 움츠린 잿빛 몸살을
치유하기 위해 안개를 부른다

봄 마중 가는 길은
안개의 미로를 지나야 한다

안개 없이 오는 봄이 어찌 봄이랴
봄의 형상은 해빙기의 하늘빛
안개의 입김으로 번지는 파스텔 블루
깃털처럼 보드라운 살결이 맞닿는 곳에
박동수가 빨라지는 심장의 기지개

비 개인 3월은
화폭 위에 춤추는 생명들의 세상
저마다 간직한 꿈 빛깔로 단장하고
푸른 안개 지나는 산길에 들길에
유약처럼 스며드는 청잣빛 계절

편지

멀리 떨어져 있어도
따스한 손길은 그대로 전해지고
기억을 들추어내지 않아도
옛이야기는 새록새록 피어난다

화사한 봄날의 햇살처럼
마음은 설렘으로 부풀어 오르고
고단하고 나른했던 일상에
생기가 돌고 열정이 살아난다

홀로 가는 길은 멀고 지루해도
내일 또 내일
가슴 데워줄 희망은 간직할 수 있다
진실하게 와 닿는 너의 마음으로

봄날

햇살 익어가는 언덕 저편엔
방금 도착한 기다림의 편지처럼
읽기도 전에 두근대는 가슴 따라
산수유 개나리 활짝 피었다

개울가 맴도는 상큼한 바람은
마음을 적시는 위로의 안부처럼
싱그러운 풋내가 코끝을 스칠 때
생生을 보채듯 버들가지 나풀댄다

이름 모를 풀꽃들의 소박한 맵시가
메마른 가슴을 촉촉이 적시고
둥지 찾는 꽃씨들의 하얀 날갯짓
파란 꿈들이 피어나고 있다

서랍을 고치며

고장 난 책상 서랍 손질을 위해
잠자던 잡동사니들을 하나둘 들어낸다

잊고 살았던 오랜 흔적들이
분리수거되지 않은 세월과 함께
아무렇게 뒹굴고 있다

오랜만에 느껴보는 지난 시간의 편린들

버리고 싶다고 지워진 날은 없었기에
산다는 것은 늘 긴장의 연속이었다
수없이 부딪치는 크고 작은 문제들도
결국 자리가 있는 퍼즐 조각들

버리려다 다시 서랍에 넣는다
노병의 오래된 장신구처럼
굴곡진 발자취도 다정할 수 있도록

분꽃

수줍음 하나 걷어낸 자리
또 다른 꽃잎이 수줍게 피었다
남몰래 간직한 애틋한 마음으로
두근대는 가슴은 온통 분홍빛
속으로 감추어 시치미 뗄 때마다
더욱 붉어지는 유월의 소녀여

누군가 그리운 날은 숲으로 간다
푸른 양탄자 위 넘실대는 햇살 아래
마주 보는 눈길 살며시 비켜선 채
열여섯 마음은 온통 사랑 빛
달아오른 목덜미에 강렬한 열기가
유월의 한낮을 데우고 있다

겨울비

우리 엄니 시름 소리
겨울비 오네
갈라져 깊이 팬 발바닥에도
판화가 된 나무껍질 손바닥에도

모두가 떠나버린 들녘에 서면
무성하던 시절은 밑동만 남긴 채
파고드는 살얼음에 마음 베이고
빈 가슴 허공처럼 야위는 것은
비바람도 눈바람도 마찬가진 걸

우리 엄니 기도 소리
겨울비 오네
긴 어둠 지나 아침이 오고
햇살에 온기 돌아 남풍 불 때면
또 한살이 시작될 자식들 위해
젖가슴 부풀리며
겨울비 오네

시간의 흔적

주름진 손등처럼
오래전 탄력 잃은 거미줄에 매달린
작은 곤충의 날개 한 조각
비린내 가신 영혼이 살랑거린다

웃자란 잡초 사이 풍화된 시소 위를
염탐하듯 스치는 오후의 햇살
졸린 눈을 비비며 그림자를 드리우고
멈춰버린 시계처럼 버려진 시간이
녹슨 철봉으로 널브러져 있다

그 시절 풍금 소리 지금도 선명하고
아이들 노랫소리 귓전에 아련한데
또 어느 날 누군가
아련한 옛 생각에 구름 가듯 찾아와
앙상한 살풍경에 망연했을까?

식어가는 석양의 잿빛 그림자에
지나간 시절 묵상이 서려
깊어지는 늦가을 담담한 숨결로
초저녁 별자리를 부르고 있다

호박죽

직장 따라 주말부부 어언 12년

한두 해 지날 때는 계획도 많았는데
잔소리 없으니 게을러지고
간섭 없으니 의욕도 사라지고

간밤 배앓이에 잠 못 이루다
오후 늦게 주문한 호박죽 한 그릇
기억을 떠올리며 한 수저 넘기지만
몸에 익은 그 맛은 느낄 수 없었네

늦가을 해 짧아진 주말 오후면
커다란 호박에 팥 삶고 찹쌀 갈아
휘휘 저어 우려내던 아내의 손맛에
아이들과 환호했던 사랑의 호박죽

파도

멀리서 소식이 온다
끊임없이 밀려오는 세상의 이야기들
하얀 진실들이 깃발처럼 나부낀다
잔잔하게 때론 격렬하게

너의 소식은 어디쯤 오고 있을까,
상념은 깊은 뱃고동 울림으로
푸른 바다 위에 애잔하게 내려앉고

희미한 기억들이 불현듯 날이 서면
잔잔했던 가슴엔 다시 전류가 흐르듯
어느 순간 조각조각 가슴에서 출렁인다
창가에 서서 빗소리를 듣다 보면
노을빛 내린 백사장을 걷다 보면

소멸하고 되살아나는 파도이듯이
그리움이 또다시 유년을 지날 땐
나는 하얗게 마음을 열고
너에게 달려가는 파도가 된다

함께하는 것들

간밤 잠 못 들고 뒤척여야 했던
왼쪽 어깨의 통증
멀쩡했던 순간에는 잊고 살았던 것들이
몇 날의 고통을 느끼고 난 후
아픔도 살아가는 과정임을 깨닫는다

조금씩 범위를 넓혀가는
낡은 세월에 갇힌 몸의 반란
내가 나를 알지 못했던 것이
내가 살아가야 했던 이유였을까

몸 구석구석에서 보내는 신호들
귀 기울이면 모두가 비명이다

철로 변, 기차가 오갈 때마다
쉼 없이 흔들리는 풀꽃의 시련이
머릿속을 떠나지 않는 밤
새로운 신호의 목록을 적어본다
불면의 시간을 뒤척일 때마다
남아있는 날들이 흔들리고 있다

정오를 지나는 동안

더는 헌혈할 수 없다는 문자를 받았다
그동안 감사했단다
나는 겨우 정오를 지나쳤을 뿐인데

기초연금을 신청하라는 연락을 받았다
직장이 있어도 주는 거냐고 문자
판단은 자기들 몫이니 신청이나 하란다
나는 겨우 정오를 지나쳤을 뿐인데

은행에 가도 치과에 가도
낯선 이름 부모의 한쪽
한없이 거북하고 어색한 비대칭 경어
나는 겨우 정오를 지나쳤을 뿐인데

빙산의 감추어진 거대한 밑부분처럼
나를 지탱할 수 있었던 완강함이
서서히 무너져 내리는 정오의 파열음들
우울한 문장들이 가슴 깊이 채워지고

쇼윈도를 힐끗 보다 걸음을 재촉한다

나도 보이는 내가 싫은 까닭이다
나는 겨우 정오를 지나쳤을 뿐인데

낡은 볼펜

가야 할 길은 좀 더 남아있는데
갈수록 초점은 흐려집니다

티 없는 하늘처럼 선명하던 그 길인데
발걸음은 시나브로 스러져 가고
가는 길은 계속 이어지지 못하고 끊겨
달려온 자취는 허상의 그림자로 지워집니다

그 옛날 예리했던 촉은
날카롭던 칼날이 무디어지듯
투박하게 무디어지고
평범했던 일상은 서서히 금이 가
살아가며 흘리는 무딘 감각들이
치부를 드러내며 오점을 남깁니다

산다는 것은
손에 맞는 무기 하나 의지하는 긴 방랑길
흘리던 땀방울은 시간 속에 메말라
뜨겁던 가슴은 서서히 식어가고
지나간 전성기는 빈 거리에 햇살처럼

한낱 공허하게 흩어지는 신기루인 것을

오늘은 어제보다 조금 작아지고
보이지 않는 내일은 아득하기만 한데
되돌릴 수 없는 시간 어쩔 수 없어
돌아올 수 없는 길을 갑니다

장례문화원에서

차갑게 식어버린 간판 불빛에
창백한 생기가 실낱같이 드리우고
적막한 주차장 희미한 불빛은
선뜻 반기지 못하는 먼 친척처럼 낯설다
담벼락을 지나는 고양이 발걸음으로
소리 없이 내려앉는 어스름 저녁
한 생生이 서서히 삭제되는 동안
그의 목록에 담긴 얼굴들이
흔적처럼 모여들고 또 떠나간다
죽음이란 달빛 같아서
생전의 일들이 하나둘 술잔에 담기고
모두가 저마다의 잣대로 퍼즐을 맞추기에
영정 앞에 고개 숙인 엄숙한 표정이
모든 슬픔의 행갈이는 아닐지라도
돌아오는 길은 어둠처럼 무겁다
살면서 만나는 극단의 실체들
방치된 사유에 변명만 남아있는
치열했던 생의 의미가 한낱 죽음일 때
무심을 닮고 싶은 순간에는
무엇을 버려야 하는지

전환기적 사유를 담은 치열한 서정

박 몽 구
(시인·문학평론가)

　최근 들어서 우리 시의 큰 흐름 가운데 하나는 지나치게 어려운 시에서 벗어나 독자들에게 좀더 다가가는 시를 써야 한다는 것이다. 지극히 난해한 해체적인 시들이 평론가들은 물론 독자들의 관심사에서 벗어나고 사물을 보다 정서적으로 파악하고 언어도 좀더 공감대가 넓은 시들이 주목을 받아가고 있다. 하지만 꽃과 명징한 이미지를 지닌 정감 어린 소재들을 즐겨 채택하는 서정시 대신, 밀레니엄 현실에 맞게 변화된 삶 주변에서 건진 소재들이 새롭게 등장하는 추세이다.

　근대 서정시의 비조로 알려진 윌리엄 워즈워드의 널리 알려진 시 「추수하는 아가씨」의 경우만 하더라도, 자칫 목가적인 정서로 충만한 시로 파악하기 쉽다. 하지만 이는 잘못

된 시각이다. 이 시는 오랜 왕정 체제 및 귀족 중심의 사회가 해체되고 온몸을 바쳐 일하는 민중의 시대, 일하는 사람이 우선시되는 시대 도래에 따른 소재의 선택에 따른 서정시이다. 따라서 요즈음 도시적인 정서의 소재, 묵묵히 일하면서 건강하게 삶을 꾸려가는 시민들이 서정시의 주소재로 등장하는 것은 당연한 추세이다. 따라서 서정시는 정서의 구사가 아닌 그를 통해 변화된 세계의 모습을 담고 시인의 세계관을 담아내는 장르라는 점을 환기할 필요가 있다.

변화된 삶을 반영한 서정

신창홍은 최근 시단에서는 좀처럼 찾아볼 수 없는, 부드러운 정서에 기반한 서정을 구사하고 있는 보기 드문 시인이다. 꽃과 명징한 이미지를 내재한 소재 아닌 치열한 삶 주변에서 견인한 소재를 택하고 있는 점이 눈에 띄는 작품들을 이번 시집에서 다수 선보이고 있다.

천지는 새벽의 얼굴
태곳적부터 가부좌 튼 푸른 물결은
이미 경전의 반열에 오른
음각으로 새겨진 쪽빛 상형문자
전율로 파고드는 묵언의 말씀에
사바의 번뇌가 껍질을 벗는다

어느 행성에 유랑으로 떠돌다
바람으로 각을 세운 천상의 자리
백두의 기백이 서린
절벽 아래 깊숙이 날개를 접고
영겁의 도량으로 전설이 된
저, 서슬 퍼런 결기의 빛

천지의 분연한 푸른 신념 한 움큼
내 작은 가슴에 담으며
내일은 힘들어도 흔들리지 말고
한세상 피고 지고

넘어져도 털고 일어나 아무렇지 않게
한세상 피고 지고
또 피고 지고

-「천지의 숨결」 전문

　　위에 든 작품은 백두산 등정길에 만난 '천지'를 소재로 하
여 시인의 내심을 담아내고 있다. 천지는 단지 우리나라에
서 가장 높은 산만이 아닌 우리 민족의 정신적 원점이기도
하고, 나아가 타의에 의하여 갈라진 민족이 하나 되는 통일
의 염원을 담고 있기도 하다. 화자는 첫대목에 '천지/ … 푸
른 물결은/ 이미 경전의 반열에 오른/ 음각으로 새겨진 쪽
빛 상형문자/ 전율로 파고드는 묵언의 말씀'이라는 대목을
배치함으로써, 천지가 이 땅에 삼천리를 펼친 선조들의 뜻

이 함축되어 있는 원점이라는 사유를 펼치고 있다. 이어지는 대목에서 '사바의 번뇌가 껍질을 벗는다'라고 언술함으로써, 우리네 삶에 어떤 어려움이 닥치더라도 푸른 하늘을 품은 천지는 이겨낼 힘을 준다고 말하고 있다.

　화자는 두 번째 연에서는 '어느 행성에 유랑으로 떠돌다 … 절벽 아래 깊숙이 날개를 접(은)/ 저, 서슬 퍼런 결기의 빛'이라는 이미지로 천지를 그리고 있다. '유랑'이라는 상징 시어를 통해 우리 민족이 일제 등 외세의 침탈로 떠돌기도 하고, 천지의 품 안에 함께 들지 못하는 분단의 아픔을 겪고 있음을 환기하고 있다. '절벽'은 그 아픔이 절정에 달해 있음을 상징하는 시어이다. 하지만 화자는 천지 푸른 물결이 일으키는 윤슬을 가리켜 '서슬 퍼런 결기의 빛'이라고 비유함으로써 모든 아픔을 이겨내고 무구한 빛을 발하는 날이 반드시 올 것이라는 사유를 담지하고 있다. 그 같은 사유는 이어지는 연에서 '천지의 분연한 푸른 신념 한 움큼/ 내 작은 가슴에 담으며/ 내일은 힘들어도 흔들리지 말'아야 한다는 알레고리를 형성하고 있다. 즉 표면적 언술 아래 더욱 깊은 의미를 내장하는 구조를 이루고 있다. 천지를 통해 우리 민족의 오늘까지 겪고 있는 아픔을 환기하고 나아가 이를 극복하고 민족이 하나 되어 춤추는 날이 오리라는 사유를 견인해 내는 구조를 견고하게 구축한 작품이다.

　　오랜 세월 길들여진 그늘이
　　투명한 얼음이 됩니다

112

그늘에서 살아온 거울처럼
속이 훤히 보이는 사람들이 모여듭니다

서쪽으로 기울어진 햇살이
잠시 호흡을 가다듬고 있는 동안
계절의 경계는 야생의 시간이 되어
사람들 사이엔 바람이 붑니다

해넘이가 시작된 광장은
어느덧 흑백사진의 기억이 되고
회색의 문장들이 자막으로 지나갑니다

우울한 양지의 한 뼘을 탐내는
투명해서 가슴 시린 사람들
그리운 순간들을 기억해 보지만
지나온 시간은 어느 곳으로 향하든
늘 상처를 끄집어내는 일입니다

기도하기엔 너무 늦은 계절
광장에 겨울이 번지고 있습니다

　　　　　　　　　　　　-「겨울 광장을 지나며」 전문

　정감 어린 소재를 택하고 있으면서도, 시어가 지닌 환기
력을 확대하여 우리가 몸담고 있는 세계를 새롭게 들여다보
도록 해주는 작품이다. 화자는 첫대목에 '오랜 세월 길들여

진 그늘이/ 투명한 얼음이 됩니다'라는 알레고리를 배치함으로써, 우리가 의식하지 않은 채 방치한 그늘이 얼음으로 차갑게 굳어져 간다고 말하고 있다. 여기서 '투명한 얼음'이라는 시어는 겉으로는 투명하고 밝아 보이지만 차가움으로 가득한 세계를 상징한다. 화자는 명시적 판단의 언어를 사용하고 있지 않지만, '그늘에서 살아온 거울', '속이 훤히 보이는 사람들' 등의 시어를 통하여 차갑고 긴 겨울 앞에 우리들의 삶이 그대로 노출되어 있다는 인식을 드러낸다. 나아가 '해넘이가 시작된 광장', '흑백사진', '회색의 문장' 등의 시어를 통하여 이 겨울을 가리켜 그저 즐기면서 넘어가기에는 점점 어두워져 가는 시간이며, 하고 싶은 말마저 제대로 꺼낼 수 없는 침묵의 시간임을 암시하고 있다.

이 시의 후반부에는 앞에 제시된 것들과는 사뭇 대척점에 있는 사유가 담겨 있다. 즉 화자는 '우울한 양지의 한 뼘을 탐내는/ 투명해서 가슴 시린 사람들'이라는 언술을 통하여 어둡고 차가운 시간에 순응하지 않으면서 한 뼘씩 양지를 확보해 가려는 노력을 기울이는 이들로 세상은 투명하게 밝아져 간다고 말하고 있다. 그 같은 행동은 '그리운 순간' 즉, 자유롭고 따스한 시절을 분명하게 기억하는 일이라는 점을 환기하고 있다. 화자는 '지나온 시간은 어느 곳으로 향하든/ 늘 상처를 끄집어내는 일'이라고 말한다. 우리가 갈망하는 새롭고 풍요로운 것들로 가득 차 있기보다 무구한 희망으로 가득 차고 내일이 기다려지던 시간이지만, 그곳으로 돌아가기 위해서는 상처도 두려워하지 않는 용기가 있어야 한다고 힘주어 말하고 있다.

화자는 결구에 '기도하기엔 너무 늦은 계절/ 광장에 겨울이 번지고 있습니다'라는 알레고리를 배치하고 있다. '광장'으로 상징된 우리들이 모여 사는 세상에 춥고 어두운 시간이 도래하고 있다는 경구와 함께 '기도하기엔 너무 늦'었다고 말하고 있다. 하지만 이는 기도보다는 행동으로 이 겨울의 차가운 벽을 깨뜨려야 한다는 아이러니를 환기해 주고 있다.

시인은 이 작품을 통해 표면적으로 명확한 의미를 드러내기보다 시어가 지닌 상징성과 환유 구조를 통하여 은근하면서도, 깊은 의미를 견인해 내는 데 고심하고 있다. 이는 토도로프가 지적한 바 있는 의미의 위계 논리를 환기한다. 프랑스의 문예이론가 츠베탕 토도로프에 따르면 시인들은 일상어가 가진 의미의 빈약함과 상투성으로부터 벗어나기 위하여 수사적 알레고리를 강구한다고 한다. 즉 사전적 의미에 국한하지 않고 새로운 의미를 입혀 놓음으로써 굳이 아어雅語나 사특한 시어에 집착하지 않고, 새로운 해석을 통해 판이한 의미를 입혀 놓고자 하는 의도에서 현대 시인들은 알레고리의 구사에 몰두한다. 또한 시어 하나하나에 새로운 의미 입히기에 주력하기보다 전체 시 공간을 또 다른 의미 공간으로 탈바꿈시키는 기법을 즐겨 사용한다. 토도로프의 저서 『상징의 해석』에 따르면, 시인들은 모름지기 시어의 다의성을 구사하면서도 끝내는 분명한 의미에 도달할 것을 지향한다고 하였다. 이 말은 개별 시어들이 다양한 의미를 내재한 상징성을 띠고 있으면서도, 시인들은 끊임없이 명확한 의미를 말해주기를 바란다는 말과도 통한다. 그러나 그는 1:1의 분명한 의미에 고착되어 버리고 마는 알레고리를 시인은 모름지기 경계해야 한다고 주장한다. 좋은 시인은 상징과 알레고리 사이에서 끊임없는 모색의 도정을 겪게 마련이라는 것이다.

그런 점에서 일상어에 한없이 다양한 의미의 공간을 열어놓는 상징 시어를 맛깔스럽게 배열한 가운데, 분명한 의미에 닿는 것을 결구의 아이러니로 경계하고 있는 신창홍의 시들은 의미 심장하다. 그의 시들이 우리에게 새롭게 읽히는 것은 이처럼 모호한 담화의 수순을 밟고 있기 때문이다. 그의 시들의 언어는 평범한 일상어이면서도, 다의성의 구현을 통하여 의미의 위계를 모호함의 극한으로 끌고가는 저력을 보여주고 있다.

저 바람 속 가녀린 춤사위는
소리 없이 날리는 달빛 부스러기
하얗게 부대끼는 가슴 통증이다
벚꽃은 화려하게 시선을 끌고
산수유 개나리 아직도 한창인데

춥고 어둡던 날
여명의 등불을 밝히듯 터트렸던
얼음 속 살빛 꽃망울

세상의 열망을 봄으로 피워내면
요원의 불길로 번지는 꽃의 목록들
계절은 이제야 마음을 열어
봄소식 편지 한 장 전하지 못했는데
고운 잎 떨구는 애달픈 궤적이여

매화로 산다는 건 구도자의 선禪
미련 두지 않고 망설임도 없이
생살 찢어내듯 패인 꽃자리에
연둣빛 싹을 틔워 해시계에 맞추고
또다시 세상을 얹어 놓는 일
사람들 속에도 가끔 그런 향기가 난다
- 「매화의 이름으로」 전문

　위의 작품에서도 신창홍은 서둘러 의미를 분명히 하지 않고 모호성을 극한으로 밀고 가는 전략을 취하고 있다. 매화가 겨울바람을 이기고 개화하는 모습을 가리켜 화자는 '소리 없이 날리는 달빛 부스러기/ 하얗게 부대끼는 가슴 통증이다'라고 말한다. 이것은 표면적으로는 한겨울 매서운 추위를 이기며 기특한 꽃을 피우는 매화를 그린 것이지만, 그 이면에서는 '겨울'로 상징되는 춥고 힘든 시간과 온몸으로 맞서서 이 땅의 봄을 앞당긴 사람들의 삶을 환기하기도 한다.
　이어지는 전개 부분에서 '춥고 어둡던 날/ 여명의 등불을 밝히듯 터트렸던/ 얼음 속 살빛 꽃을/ 세상의 열망을 봄으로 피워'낸다는 알레고리는 매화의 생태는 단순히 꽃의 생리를 넘어서서 시대의 겨울과 맞서서 봄을 일궈내는 이들의 삶의 궤적을 가리키는 알레고리로 읽힌다. 결구 부분에 배치된 '생살 찢어내듯 패인 꽃자리에/ 연둣빛 싹을 틔워 해시계에 맞추고/ 또다시 세상을 얹어 놓는 일/ 사람들 속에도 가끔 그런 향기가 난다'는 대목은 더 나아가 구체적으로 한파를 이기며 생살 찢어내듯 개화하는 매화의 식생과 아낌없이 자신을 던져 검은 장막을 찢고 봄을 열어가는 사람들의 향기를 환유를 통해 잘 연결해 놓고 있다. 이것은 이 시집 전반을 통하여 보여주고 있는 신창홍의 인간적인 사유를 심장하고 있는 시적 방법론을 잘 보여주고 있다.

새로운 좌표를 찾아

사람들이 파도를 탄다
오르거나 내려오면서
밀물이거나 썰물이면서
방향은 감각이 아닌 화살표에 따라야 한다
목적지는 그어진 선을 따라가야 도착하는
후천적 생의 방식

맞잡은 손을 놓는다
노란색 선을 따라서
또는 초록색 푯말을 따라서 우회하며
직진의 마음을 곁눈질하지만

시간이 단축되거나 연장되는 법은 없다

너는 시계방향으로 돌고
나는 반대 방향으로 도는 동안
우리의 생각이
우리의 믿음이
우리의 팽팽했던 연결고리가
놓아버린 손처럼 허전할 때가 있다

늦은 밤 인적이 뜸해진 환승역에서
우측이나 좌측으로 그어진 금을 따라
걷다 보면 쓸쓸한 취기가 몰려온다
사람이 떠나가고
사람을 기다리고

손을 놓아버린 그 자리에서
다시 손을 잡으려 너를 기다리지만
사람과 사람의 거리는 눈으로 볼 수 없다

-「환승역」 전문

이 시집의 표제작이기도 한 작품이다. 환승역은 지하철을
비롯한 대중교통 수단을 갈아타는 역을 가리키는 말이지만,
시어 '환승역' 단순히 사전적 의미를 넘어 익숙한 삶의 길을
버리고 새롭게 방향을 잡는다는 심층적 의미를 환기한다.
화자는 우리가 걸어가는 길을 가리켜 '오르거나 내려오면

서/ 밀물이거나 썰물이면서/ 방향은 감각이 아닌 화살표에 따라야 한다/ •목적지는 그어진 선을 따라가야 도착'한다고 말한다. 즉 '감각'이라는 말로 제유된 길을 걷는 사람의 지성과 의지가 아닌 '화살표'가 가리키는 대로 걸어가 도착하는 것이 우리네 일상적 삶이라고 밝히고 있는 셈이다. 결국 화자는 성장 배경이나 직업 등 주어진 여건에 따라 맹종하듯 화살표가 가리키는 대로 걸어왔지만, 이제 변화된 세계 정세와 새롭게 정립한 삶의 철학에 바탕하여 삶의 길을 새롭게 걸어가겠다는 의지를 담아내고 있는 셈이다.

이어지는 전개 부분에서 화자는 '맞잡은 손을 놓는다/ 노란색 선을 따라서/ 또는 초록색 푯말을 따라서 우회'한다고 함으로써, 미리 주어진 대로 걷은 것이 아니라 각자 의지대로 걸어야 한다고 말하고 있다. '맞잡은 손을 놓는다', '우회' 등의 시어는 융통성과 자유 의지를 상실한 채 화살표가 가리키는 대로 걷는 자세를 버리고 자신만의 길을 걸어가야 한다는 사유를 담지하고 있다.

화자는 이 시의 결구에서 '사람이 떠나가고/ 사람을 기다리고// 손을 놓아버린 그 자리에서/ 다시 손을 잡으려 너를 기다리지만/ 사람과 사람의 거리는 눈으로 볼 수 없다'고 말하고 있다. 이제까지 함께 탑승하거나 걸어온 사람들과 헤어져야 하는 아픔의 흔적을 '손을 놓아버린 자리'라고 밝히는 한편 다시 손을 잡으려 새로운 사람을 기다리는 마음을 담고 있다.

앞이 보이지 않을 때마다
자꾸만 돌아보게 되는 지나온 여정
다시 길을 걷다가 또 뒤돌아보며
초조한 마음으로 서 있는 이 자리는
고단한 사람들의 자리

지금까지 걸어온 길은
늘 만족할 수 없었던 시험처럼
언제나 아쉬움뿐이지만
생각해 보면 어느 한순간
무엇인가에 미쳐 본 적이 있었던가,

길 위에서 만나는 벼랑의 굽이들
푸른 달팽이의 조심스러운 걸음이라도
시간 위에 몇 겹의 윤회를 얹어 돌다가
어느 하나 마음 통하는 세상 만나면
아름다운 생으로 변신할 수 있도록

가야 할 길이다
돌아갈 수 없는 생의 언저리에서
거친 바위 위에 신념으로 우뚝 선
저 눈부신 히말라야의 산양처럼
없는 길도 가면 길이 되리니

-「또 다른 길」 전문

무한 루프를 빙빙 도는 삶의 테두리에서 벗어나 새로운 좌표를 찾아 고심하는 시인의 마음이 읽히는 작품이다. 여기에는 생리적 연령에 따르는 요인도 개재되어 있지만, 일터 등에서 주어진 일을 곧잘 해내던 타성에서 벗어나 새로운 삶의 좌표를 정해야 한다는 위기 의식도 자리잡고 있을 것이다. 화자는 '다시 길을 걷다가 또 뒤돌아보며/ 초조한 마음으로 서 있는 이 자리는/ 고단한 사람들의 자리'라는 알레고리를 통하여, 실적과 성과 위주로 모든 것을 평가받기 마련인 샐러리맨 문화를 반성적으로 돌아보고 있다. 누군가의 시선을 의식하면서 주어진 목표 달성을 위하여 치달려 왔음을 '초조한 마음', '고단한 사람들'이라는 시어를 통하여 함축하고 있다. 이어지는 연에서 화자는 '늘 만족할 수 없었던 시험', '아쉬움', '무엇인가에 미쳐 본 적이 있었던가' 등의 시어를 통하여 주어진 목표를 달성하느라 급급해 왔을 뿐 진정한 삶의 목표는 실종되어 있었다는 인식을 드러내고 있다. 화자는 그 같은 삶의 루프에서 헤어나지 못할 때 '길 위에서 벼랑의 굽이들'(을 만난다)고 분명하게 밝히고 있다.

　나아가 달팽이의 생을 환유로 하여 이렇게 말하고 있다. '시간 위에 몇 겹의 윤회를 얹어 돌다가/ 어느 하나 마음 통하는 세상 만나면/ 아름다운 생으로 변신할 수 있'어야 한다고 힘주어 말한다. 즉 주어진 길을 느릿느릿 가는 게 아니라 진정하게 마음 바치고 싶은 일을 찾아 익숙한 것들을 버리고 변신해야 한다는 것이다. 그것이 곧 아름다운 생으로 접어드는 길목이다. 화자의 내면적 결단은 '가야 할 길',

'돌아갈 수 없는 생' 등의 시어로 그 절박함이 함축되어 있다. 그러면서 결구에 히말라야의 산양을 환유로 하여 '거친 바위 위에 우뚝 선/ 저 눈부신 히말라야의 산양처럼/ 없는 길도' 맨발로 열어가야 한다고 말한다. 온 힘을 다해 걸어갈 때 절벽이 곧 평지가 되는 기적은 히말라야 산양의 것만은 아닐 것이다.

황혼이 짙어지는 이국땅에서
하루 종일 들뜬 발걸음으로
동주의 그림자를 찾아 나선 길

흔적이라도 보고 싶은 마음인데
가슴이 벌써 저려옵니다,

풍요도 병 인양 살아온 내가
시대의 아픔을 온몸으로 부딪히며
괴로워했던 그에게 누가 될까 봐
부끄러운 한낮의 태양을 피해
그를 찾아갑니다
그의 깊은 시름이 원고지를 채우는 시간
해 질 녘 그를 찾아갑니다

그의 혼이 돌아온 고장엔
예전처럼 맑은 강물이 흐르고
초목 여기저기 자리 잡은 시비엔

신념이 깊은 의젓한 양처럼
괴로워하던 수많은 동주가 있습니다

명동학교를 지나 그의 혼을 만나러 갑니다
무덤가엔 파란 잔디가 자라고
사랑처럼 슬픈 얼굴
동주가 거기에 있습니다
아직 청춘이 다 하지 않은
동주가 거기에 있습니다

-「동주 생각」 전문

　이 작품은 시인이 삶의 전환을 모색하는 시점에서 만난
귀감이 될 만한 인물을 소재로 하고 있다. 이 시에 등장하
는 윤동주 시인은 우리 독립운동의 거점 가운데 하나인 북
간도 태생으로 일제 치하에서 연희 전문에 다니며 젊은 지
식인으로서 취해야 할 행동을 줄곧 고민하던 사람이다. 그
는 끝내 해방 전해에 유학 중이던 일본에서 불온서적 소지,
독립운동 참여 등의 혐의로 후쿠오카 감옥에 투옥되어 옥사
한 사람이다. 화자는 시의 첫대목에 '황혼이 짙어지는 이국
땅에서/ 하루 종일 들뜬 발걸음으로/ 동주의 그림자를 찾아
나선 길'이라는 대목을 배치함으로써, 단순한 여행길이 아
니라 자신의 흔들리는 좌표를 바로잡아줄 사표를 모색 중임
을 밝히고 있다.
　화자는 전개 부분에서 '풍요도 병 인양 살아온 내가 … 그

에게 누가 될까 봐/ 부끄러운 한낮의 태양을 피해/ 그를 찾아'간다고 고백한다. 자신의 일상이 공동선보다 개인적인 욕구의 충족으로 치달려 왔음을 밝히고 있는 셈이다. 그것은 또한 생의 전환기가 돌아온다면 이기 정신을 버리고, 동주가 걸어간 길에 버금가는 이타행을 실천해야겠다는 다짐이기도 하다. 그것은 나아가 '그의 혼이 돌아온 고장엔/ 예전처럼 맑은 강물이 흐르고 … 신념이 깊은 의젓한 양처럼/ 괴로워하던 수많은 동주가 있'다는 인식으로 확장된다. 외지 체험을 넘어 공동선의 구현을 위해 기꺼이 지렛대가 되어야 한다는 사유를 담지하고 있다, 화자는 결구 부분에서 '명동학교를 지나 그의 혼을 만나러 갑니다/ 무덤가엔 파란 잔디가 자라고 … 아직 청춘이 다 하지 않은/ 동주가 거기에 있'다고 밝히고 있다. '파란 잔디', '청춘' 등의 시어를 통하여 동주의 정신은 현재성을 갖고 살아 있다는 사유를 펼치면서, 화자 또한 소아를 버리고 대승적인 길을 택해야겠다는 의지를 담고 있다.

햇살도 비껴가는 겨울 골짜기
소리만으로 비수가 된 바람이
얼굴을 할퀴고 지나가는 약수터 옆에
눈 시린 흰 눈꽃 겨울나무 서 있다

가녀린 곁가지 사납게 흔들릴 때마다
전율처럼 몸서리치는 뿌리의 아픔

가진 것 없이 몸 하나 세상에 던져진
아버지의 여정은 늘 겨울이었다

살아온 세상엔 문패가 없어
웃음을 지워야 보이는 이름 세 글자
깊어진 주름은 나무껍질을 닮아
내딛는 걸음마다
움켜쥐는 손등마다
찢기며 번지는 통증의 붉은 먹빛들

어떻게 살아왔는지 묻지 않는다
쓰러져가는 조국 오른쪽 다리로 받치고
기울어진 제 한 몸 평형으로 살 수 없어
허물어져 가는 무중력 영혼 속엔
입 벌리고 아우성치는 다섯 자식들

한고비 한고비가 죽음보다 잔인해도
참아내야 한다
가슴 깊이 묻어둔 아버지의 눈물처럼

-「겨울나무 1」 전문

소아를 버리고 이타적인 삶을 지향해 가는 사유는 「11
월」, 「겨울나무」 연작 등 다수의 시편을 통해 구현되어 있
다. 앞에 든 시는 시인의 결기를 잘 보여준다. 위에 든 시에
서 화자는 '가녀린 곁가지 사납게 흔들릴 때마다/ 전율처럼

몸서리치는 뿌리의 아픔/ 가진 것 없이 몸 하나 세상에 던져진/ 아버지의 여정은 늘 겨울이었다'고 밝히고 있다. 아버지로 상징되는 이타행을 실천한 이들의 삶은 늘 '사납게 흔들'리고 '몸서리치는 아픔'을 묵묵히 견뎌왔다고 밝히고 있다. '문패가 없(는 집)', '웃음을 지워야 보이는 이름', '나무껍질을 닮아 (깊어진 주름)', '번지는 통증의 붉은 먹빛' 등의 시어는 열심히 일하고도 보상이라곤 없이 소외되고 상처만 남은 삶을 드러내는 환유들이다.

화자는 이 작품에서 그 같은 고뇌와 상처의 흔적을 개인의 탓으로 돌리지 않는다. 즉, '쓰러져가는 조국 오른쪽 다리로 받치고/ 기울어진 제 한 몸 평형으로 살 수 없어/ 허물어져 가는 무중력 영혼'의 처지를 견디며 살아왔음을 분명하게 밝히고 있다. 그러면서 결구에 '한고비 한고비가 죽음보다 잔인해도/ 참아내야 한다'고 언술함으로써 삶의 긴 겨울을 감내할 때 마침내 봄은 오게 마련이라는 사유를 펼치고 있다. 또한 마지막 부분에 '가슴 깊이 묻어둔 아버지의 눈물'을 병치로 제시함으로써 대가를 바라지 않는 사랑의 상징인 아버지처럼 힘든 세상살이를 묵묵히 헤쳐 나가야 한다고 힘주어 말하고 있다.

반성적 회고와 밝게 맞는 내일

직장 따라 주말부부 어언 12년

한두 해 지날 때는 계획도 많았는데
잔소리 없으니 게을러지고
간섭 없으니 의욕도 사라지고

간밤 배앓이에 잠 못 이루다
오후 늦게 주문한 호박죽 한 그릇
기억을 떠올리며 한 수저 넘기지만
몸에 익은 그 맛은 느낄 수 없었네

늦가을 해 짧아진 주말 오후면
커다란 호박에 팥 삶고 찹쌀 갈아
휘휘 저어 우려내던 아내의 손맛에
아이들과 환호했던 사랑의 호박죽

-「호박죽」 전문

티 없는 하늘처럼 선명하던 그 길인데
발걸음은 시나브로 스러져 가고
가는 길은 계속 이어지지 못하고 끊겨
달려온 자취는 허상의 그림자로 지워집니다

그 옛날 예리했던 촉은
날카롭던 칼날이 무디어지듯
투박하게 무디어지고
평범했던 일상은 서서히 금이 가
살아가며 흘리는 무딘 감각들이

치부를 드러내며 오점을 남깁니다

(중략)

오늘은 어제보다 조금 작아지고
보이지 않는 내일은 아득하기만 한데
되돌릴 수 없는 시간 어쩔 수 없어
돌아올 수 없는 길을 갑니다

                         -「낡은 볼펜」 부분

   이번 시집에서 신창홍은 그가 걸어온 길을 반성적 시각으로 돌아본 흔적들을 곳곳에 남기고 있다. 산업화 세대의 일군으로서 사회의 발전에 공헌하고 개인적으로도 화목한 가정을 이루었으니 결핍이라곤 보이지 않지만, 겸손하게 지나온 길을 돌아보면서 새로운 삶의 좌표를 찾아 미련 없이 피투체가 되겠다는 인식을 담아내고 있다. 가령 시「호박죽」에서 '직장 따라 주말부부 어언 12년// 한두 해 지날 때는 계획도 많았는데/ 잔소리 없으니 게을러지고/ 간섭 없으니 의욕도 사라'졌다고 고백하는 것도 그 같은 인식에 바탕해 있다. 화자는 '간밤 배앓이에 잠 못 이루다/ 오후 늦게 주문한 호박죽 한 그릇/ 기억을 떠올리며 한 수저 넘기지만/ 몸에 익은 그 맛은 느낄 수 없었네'라고 말한다. 이 대목은 '호박죽'을 환유로 하여 같은 음식이라 하여도 사랑이 담겨 있느냐의 여부가 맛을 좌우한다는 인식을 담고 있다. 나아가 결

구에 '늦가을 해 짧아진 주말 오후면/ 커다란 호박에 팥 삶고
찹쌀 갈아/ 휘휘 저어 우려내던 아내의 손맛'이라는 알레고리
를 배치하여, 따스한 가족애 회복에 대한 갈망을 펼치고 있다.

　뒤에 든 「낡은 볼펜」에서도 그 같은 시적 사유는 지속된
다. 화자는 '가는 길은 계속 이어지지 못하고 끊겨/ 달려온
자취는 허상의 그림자로 지워집니다'라고 말함으로써, 묵묵
히 삶에 복무하며 살아온 날들이지만 흐르는 땀과 눈물을
참으며 쌓은 것들이 오늘의 시점에서는 '허상'으로 남는다고
아쉬워하고 있다. 전개 부분에서 '일상은 서서히 금이 가/ 살
아가며 흘리는 무딘 감각들이/ 치부를 드러내며 오점을 남'
긴다고 말하고 있는 것도 그 같은 사유의 연장선에 있다. 하
지만 화자는 결구에 '보이지 않는 내일은 아득하기만 한데/
되돌릴 수 없는 시간 어쩔 수 없어/ 돌아올 수 없는 길을' 간
다고 말함으로써, 작아진 오늘에 연연하지 않고 다시 앞을
향해 묵묵히 걸어가겠다는 의지를 밝히고 있다.

　　태어나자마자
　　온몸에 숫자가 박히기 시작했다
　　세례명 모년 모월 모일 모시
　　숫자로 말하고
　　숫자로 판단하고
　　숫자로 행세하기 시작했다

　　도시는 숫자로 숨을 쉬고

뉴스에서는 편파적인 숫자들이 넘쳐났다
숫자가 세상을 압도하고
숫자가 서열을 만들기 시작했다
숫자가 만드는 자비 없는 블랙홀
모든 것이 숫자에 갇혔다

갈대가 된 사람들이
되새김질하는 노을의 시간
숫자에 얽매어 피로했던 날들이
촛농처럼 흘러내려 고착되는 동안
몸 안에 숫자들이 풍화되기 시작했다
마감 날짜 예측이 가능해졌다

                          -「숫자에 갇히다」 전문

어제 저문 태양은
그토록 강렬했던 열정에도 모자란 듯
오늘도 힘찬 모습으로 일어나
또다시 생기를 실어 나르고

(중략)

세상의 모든 것은 가고 오는 것인가,
정해진 듯 떠나가고 흘러가고
운명처럼 다가오고 돌아오고
약속처럼 만나고 헤어지고

하루의 길이는 저마다 다르지만
시간의 소중함은 누구나 한결같고
지나간 모든 것은 아쉬움뿐이지만
내일은 희망으로 맞이할 수 있기를

-「약속 2」 부분

　위에 든 두 작품은 시인이 자신을 둘러싼 세계를 어떻게 바라보고 있는지를 분명하게 보여주는 한편, 장차 어떻게 나아갈 심산인지를 잘 보여주고 있다. 앞에 든 「숫자에 갇히다」에서는 '숫자'라는 상징 시어를 통하여 모든 것에 지극히 타산적으로 임하면서 물질 위주의 삶을 꾸려가고 있는 세태를 비판적으로 조망하고 있다. 즉, '태어나자마자/ 온몸에 숫자가 박히기 시작했다'는 구절은 탄생부터 화폐와 물질의 지배를 받는 인간의 숙명을 지적하고 있다. 전개 부분에서 '도시는 숫자로 숨을 쉬고/ 뉴스에서는 편파적인 숫자들이 넘쳐났다/ 숫자가 세상을 압도하고/ 숫자가 서열을 만들기 시작했다'는 대목은 화자가 피투체 신분인 세상이 자본의 논리와 비이성적 편 가르기 및 서열화를 통해 움직이고 있음을 보여준다. '자비 없는 블랙홀', '갈대가 된 사람들'은 완강한 숫자의 논리에 갇혀 송두리째 빨려 들어가고 흔들리는 우리네 삶에 대한 비판적 인식을 담고 있다. 화자는 결구 부분에 '숫자에 얽매어 피로했던 날들이/ 촛농처럼 흘러내려 고착되는 동안/ 몸 안에 숫자들이 풍화되기 시작했다/ 마감 날짜 예측이 가능해졌다'라는 자신의 미래를 스스로의 힘으로 꾸려가겠다는 의지를 형상화하고 있다. '풍화', '예측' 등의 상징 시어는 숫자의 노예 처지로부터 벗어나 미래를 주체적으로 꾸려가겠다는 마음이 담고 있다.

뒤에 든 시는 지금껏 걸어온 길을 반성적으로 들여다보는 한편, 남은 길을 모종의 외압과 타산성에서 벗어나 새롭게 걸어보겠다는 인식을 갈무리하고 있다. 화자는 첫대목에 '어제 저문 태양은 … 오늘도 힘찬 모습으로 일어나/ 또다시 생기를 실어 나'른다는 명제를 배치함으로써 숫자를 중심으로 한 타산성이 앞지르고 목적이 실종된 삶을 청산하고 새롭게 출발하겠다는 의지를 담고 있다. 전개 부분에서 '세상의 모든 것은 가고 오는 것인가,/ 정해진 듯 떠나가고 흘러가고/ 운명처럼 다가오고 돌아오고/ 약속처럼 만나고 헤어'진다고 밝힘으로써 어제의 모습을 청산하고 비록 짧은 시간이지만 새롭게 가리라는 의지를 담고 있다. 나아가 '시간의 소중함은 누구나 한결같고/ 지나간 모든 것은 아쉬움뿐이지만/ 내일은 희망으로 맞이할 수 있기' 바란다고 맺고 있다. 그런 점에서 이 작품은 이번 시집을 아울러 시인의 마음을 담고 있는 작품이라고 볼 수 있을 것이다.

이제까지 새 시집 『환승역』에 수록 시편을 중심으로 신창홍의 시세계를 살펴보았다. 그는 보기 드물게 명징한 사물과 자연을 소재로 한 서정시를 보여주고 있다. 이것은 도시적인 정서에 침윤되기보다 타산적이고 물질적인 가치 위주로 돌아가는 도시 문명을 비판적으로 들여다보는 한편 밝은 내일은 무엇인지 진지하게 탐구하려는 자세에서 비롯된 것이다. 그의 서정시는 꽃, 사물만이 아닌 치열한 삶 주변에서 견인한 소재를 택하고 있는 점이 눈에 띈다.

신창흥은 정감 어린 소재를 택하고 있으면서도, 시어가 지닌 환기력을 확대하여 우리가 몸담고 있는 세계를 새롭게 들여다보도록 해주는 한편, 미래 지향적인 삶은 어때해야 하는지를 시를 통해 잘 보여주고 있다. 그는 표면적으로 명확한 의미를 드러내기보다 시어가 지닌 상징성과 환유 구조를 통하여 은근하면서도, 깊은 의미를 견인해 내는 데 고심하고 있다. 의미의 모호성을 극한까지 몰고 감으로써 함축성을 높이고 시적 긴장감을 더하는 전략을 취하고 있다. 그런 점에서 일상어에 한없이 다양한 의미의 공간을 열어놓는 상징 시어를 맛깔스럽게 배열한 가운데, 분명한 의미에 닿는 것을 결구의 아이러니로 경계하고 있는 신창흥의 시들은 의미 심장하다. 그의 시들이 우리에게 새롭게 읽히는 것은 이처럼 모호한 담화의 수순을 밟고 있기 때문이다. 그의 시들의 언어는 평범한 일상어이면서도, 다의성의 구현을 통하여 의미의 위계를 모호함의 극한으로 끌고 가는 저력을 보여주고 있다.

신창흥은 이번 시집에서 그가 걸어온 길을 반성적 시각으로 돌아본 흔적들을 곳곳에 남기고 있다. 산업화 세대의 일군으로서 사회의 발전에 공헌하고 개인적으로도 화목한 가정을 이루었으니 결핍이라곤 보이지 않지만, 겸손하게 지나온 길을 돌아보면서 새로운 삶의 좌표를 찾아 미련 없이 피투체가 되겠다는 인식을 담아내고 있다. 가령 시 「호박죽」에서 '간밤 배앓이에 잠 못 이루다/ 오후 늦게 주문한 호박죽 한 그릇/ 기억을 떠올리며 한 수저 넘기지만/ 몸에 익은 그 맛은 느낄 수 없었네'라고 말하는 대목은 '호박죽'을 환유로 하여 같은 음식이라 하여도 사랑이 담겨 있느냐의 여부가 맛을 좌우한다는 인식을 담고 있다.

또한 '숫자'라는 상징 시어 등을 통하여 모든 것에 지극히 타산적으로 임하면서 물질 위주의 삶을 꾸려가고 있는 세태를 비판적으로 조망하고 있다. 즉, '도시는 숫자로 숨을 쉬고/ 뉴스에서는 편파적인 숫자들이 넘쳐났다/ 숫자가 세상을 압도하고/ 숫자가 서열을 만들기 시작했다'는 대목은 화자가 피투체 신분인 세상이 자본의 논리와 비이성적 편 가르기 및 서열화를 통해 움직이고 있음을 보여준다. '풍화', '예측' 등의 상징 시어는 숫자의 노예 처지로부터 벗어나 미래를 주체적으로 꾸려가겠다는 마음을 담고 있다.

그는 일상 속에서 건진 서정을 지렛대 삼아 우리네 일상에 대한 깊이 있는 관찰과 비판을 통해 세계의 숨은 얼굴을 드러내는 한편, 타성적인 삶에서 벗어나 밝고 지속 가능한 미래를 열어야 한다는 인식을 잘 갈무리하고 있다. 이 같은 그의 서정시의 지평이 한층 더 넓혀져 우리시의 폭과 깊이를 더하기 바라면서 조촐한 논의를 마친다.

환승역

찍은날   2025년 9월 20일
펴낸날   2025년 9월 25일
지은이   신창홍
펴낸이   박몽구
펴낸곳   도서출판 시와문화
주 소   13955 경기 안양시 동안구 경수대로883번길 33,
          103동 204호(비산동, 꿈에그린아파트)
전 화   (031)452-4992
E-mail   poetpak@naver.com
등록번호   제2007-000005호(2007년 2월 13일)
ISBN   979-11-93954-07-2(03810)

정 가 12,000원